Sopro Novo Yamaha

Caderno de prática de conjunto
(Quarteto de flautas doces)

Cristal A. Velloso

Nº Cat.: 396-M

Irmãos Vitale Editores Ltda.
vitale.com.br
Rua Raposo Tavares, 85 São Paulo SP
CEP: 04704-110 editora@vitale.com.br Tel.: 11 5081-9499

© Copyright 2008 by Irmãos Vitale Editores Ltda. - São Paulo - Rio de Janeiro - Brasil.
Todos os direitos autorais reservados para todos os países. *All rights reserved.*

CIP-BRASIL. CATALOGAÇÃO NA FONTE
SINDICATO NACIONAL DOS EDITORES DE LIVROS - RJ.

V552s

Velloso, Cristal A. (Cristal Angelica)
Sopro Novo Yamaha: caderno de prática de conjunto (quartero de flautas doces) / Cristal A. Velloso.
- São Paulo: Irmãos Vitale, 2008
160p.

ISBN 978-85-7407-229-6

1. Flauta doce - Instrução e estudo.
I. Título.

08-0291.   CDD 788.53
                                                          CDU 788.52

CRÉDITOS

Diagramação / Capa: Débora Freitas

Coordenação Editorial: Flávio Carrara De Capua

Produção Executiva: Kenichi Matsushiro (Presidente da Yamaha Musical do Brasil)
                             Fernando Vitale

Revisão de Conteúdo / Coordenação do Programa Sopro Novo: Cristal A. Velloso

Revisão Ortográfica: Marcos Roque

Revisão de Língua Francesa: Irene Paternot

Revisão de Língua Inglesa: Cibelle Lacerda

Gravação:

Flautas Doces / Gerência Artística: Cristal A. Velloso

Engenheiro de Som: Estúdio Jaburu

Arranjos dos *Playbacks*: Claudio Hodnik

ÍNDICE

	Página	Áudio	Playback
Introdução	4		
1 - Dicas de Uso e Manutenção	5		
2 - Tipos de Flauta Doce e suas Extensões	6		
3 - Numeração da Digitação	7		
4 - Digitação para Flautas em Dó	8		
4 - Digitação para Flautas em Fá	10		
5 - Como Estudar	12		
6 - Letras	14		
Diapasão - Afinação em Lá		1	
Terezinha de Jesus	16	2	3
Se Essa Rua Fosse Minha	18	4	5
Atirei o Pau no Gato	19	6	7
Samba Lelê	22	8	9
Ciranda Cirandinha	24	10	11
Pavane	26	12	13
Tourdion	27	14	15
See, the Conqu'ring Hero Comes	28	16	17
Fine Knacks for Ladies	29	18	19
Rondeau	30	20	21

Arquivos de áudio *play-a-long* em MP3 estão disponíveis para *download* gratuito em:

vitale.com.br/downloads/audios/396-M.zip

ou através do escaneamento do código abaixo:

Obs.: Caso necessário, instale um software de descompactação de arquivos.

INTRODUÇÃO

O *Caderno de Prática de Conjunto (Quarteto de Flautas Doces)* tem por objetivo apresentar um material que possa ser utilizado no seminário final do Programa Sopro Novo, e que contribua para a formação de repertório a ser utilizado nos recitais de formatura de seus alunos.

Nos primeiros recitais, muitos grupos de alunos tocavam sempre em uníssono, o que é muito bom. Porém, devemos arriscar mais e promover pequenos desafios, até que venham a tocar peças mais complexas, polifônicas e homofônicas.

No *Caderno de Flauta Doce Soprano*, trabalhamos duos com flauta e piano, enquanto no *Caderno de Flauta Doce Contralto*, iniciamos os trios (2 altos acompanhados de outros instrumentos no *playback*). Neste livro, pensamos no quarteto clássico para a maioria das peças. São dez músicas, sendo cinco do folclore brasileiro.

Os arranjos das peças brasileiras são muito simples, pois a idéia é trabalhar conceitos como: afinação, articulação, interpretação e conjunto.

No entanto, as peças renascentistas e barrocas são mais complexas, e representam um desafio para os grupos do Sopro Novo que, em sua maioria, são compostos por flautistas iniciantes.

Para aqueles que não fazem parte do Sopro Novo - mas utilizam nossos Cadernos - esta é nossa modesta contribuição.

Os textos são dicas e lembretes que visam auxiliar o estudo dos grupos de câmara que utilizarão este Caderno.

Esperamos que este trabalho possa ajudar a todos os que se aventuram a fazer música seriamente em nosso país.

DEDICATÓRIA

Com esta obra, encerramos uma etapa importante do Programa Sopro Novo, que agora conta com livros de apoio para cada um de seus seminários de flauta doce.

Dedico todo o trabalho à minha filha, Safira, que está iniciando seu contato com a música através da flauta doce e o ofereço também, como sinal do meu carinho, aos meus amigos Claudia Freixedas, Márcia Gióia, Márcio S. Alexandre e Selma G. G. Oliveira, parceiros de viagens de ensino de flauta pelo país e que, comigo, formam o Quinteto Sopro Novo Yamaha.

Cristal A. Velloso
Coordenadora de difusão musical
Yamaha Musical do Brasil

1 Dicas de Uso e Manutenção

Flautas de resina ou plástico:

- Lave as mãos e a boca antes de tocar.
- Se alguém tocou antes de você, vale a pena lavar com detergente neutro, principalmente o bocal.
- Após utilizá-la, seque-a com um pano absorvente (fralda de pano para bebê, por exemplo).
- Caso os encaixes estejam duros, você pode lubrificá-los com o creme que acompanha a flauta. Não use vaselina convencional, pois, a mesma é à base de petróleo e pode danificar a resina.
- Guarde-a dentro do estojo, em local seco e fora do alcance do sol.
- Lembre-se, seu instrumento é de resina! Evite derrubá-lo!

Flautas de madeira:

- Lave as mãos e a boca antes de tocar.
- Não é permitido lavar flautas de madeira. Limpe-as com um pano seco por dentro e utilize outro para limpá-las por fora.
- Por uma questão de higiene e saúde evite emprestá-la. A flauta é um instrumento muito pessoal.
- Guarde-a dentro do estojo em local seco. Para evitar a umidade dentro do estojo, você pode utilizar 1 saquinho de sílica gel.
- Se sua flauta é nova, é bom amaciá-la antes de tocá-la por muito tempo.

Sugerimos os seguintes procedimentos:

1 - Passe um algodão embebido em óleo de amêndoa doce em todo o instrumento (por dentro e por fora) e deixe-a até o dia seguinte em lugar arejado e seco.
2 - No dia seguinte tire o excesso de óleo com um pano seco e repita o processo.
3 - Comece tocando, aproximadamente, 10 minutos, durante 3 dias, e vá aumentando o tempo a, cada 3, até completar 45 minutos.

Esse processo ajuda na adaptação climática do instrumento, na "abertura" e "amadurecimento" do som, além de ajudar na prevenção de rachaduras no corpo e no bloco da flauta.

Agindo desta maneira, você aumentará o tempo de vida útil de seus instrumentos! As flautas doces Yamaha agradecem o carinho!

Yamaha Musical do Brasil.
Bom estudo!

2 Tipos de Flauta Doce e suas Extensões

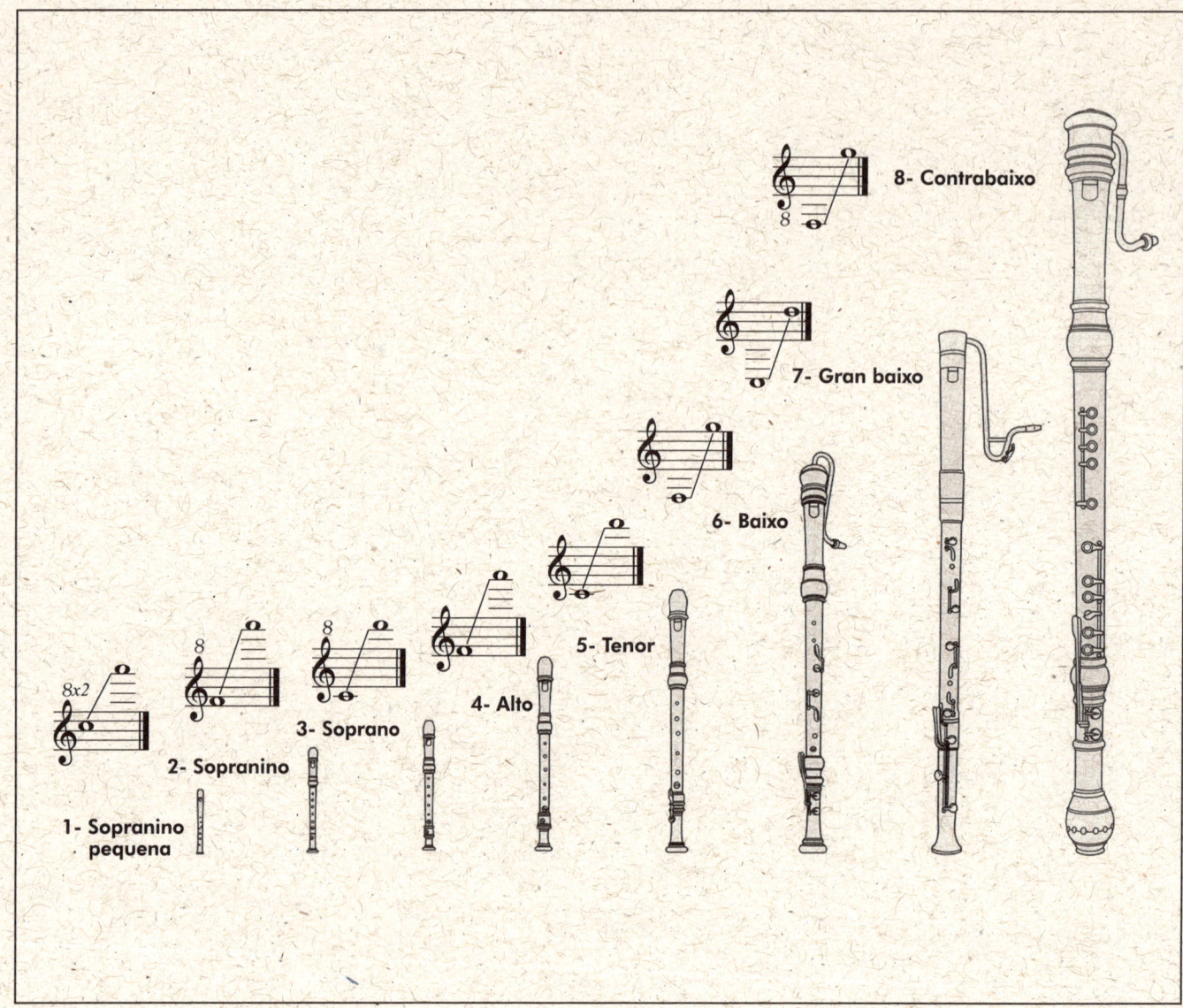

Esses oito tipos de flauta doce se dividem em dois grupos:

O grupo em "Dó" tem a nota Dó como seu som mais grave	O grupo em "Fá" tem a nota Fá como seu som mais grave
1 - Sopranino pequena 3 - Soprano 5 - Tenor 7 - Gran baixo	2 - Sopranino 4 - Alto 6 - Baixo 8 - Contrabaixo

Obs.: flautas pertencentes a um mesmo grupo utilizam a mesma digitação. Flautas em Dó utilizam a digitação de Soprano. Flautas em Fá utilizam a digitação de Contralto.

3 Numeração da Digitação

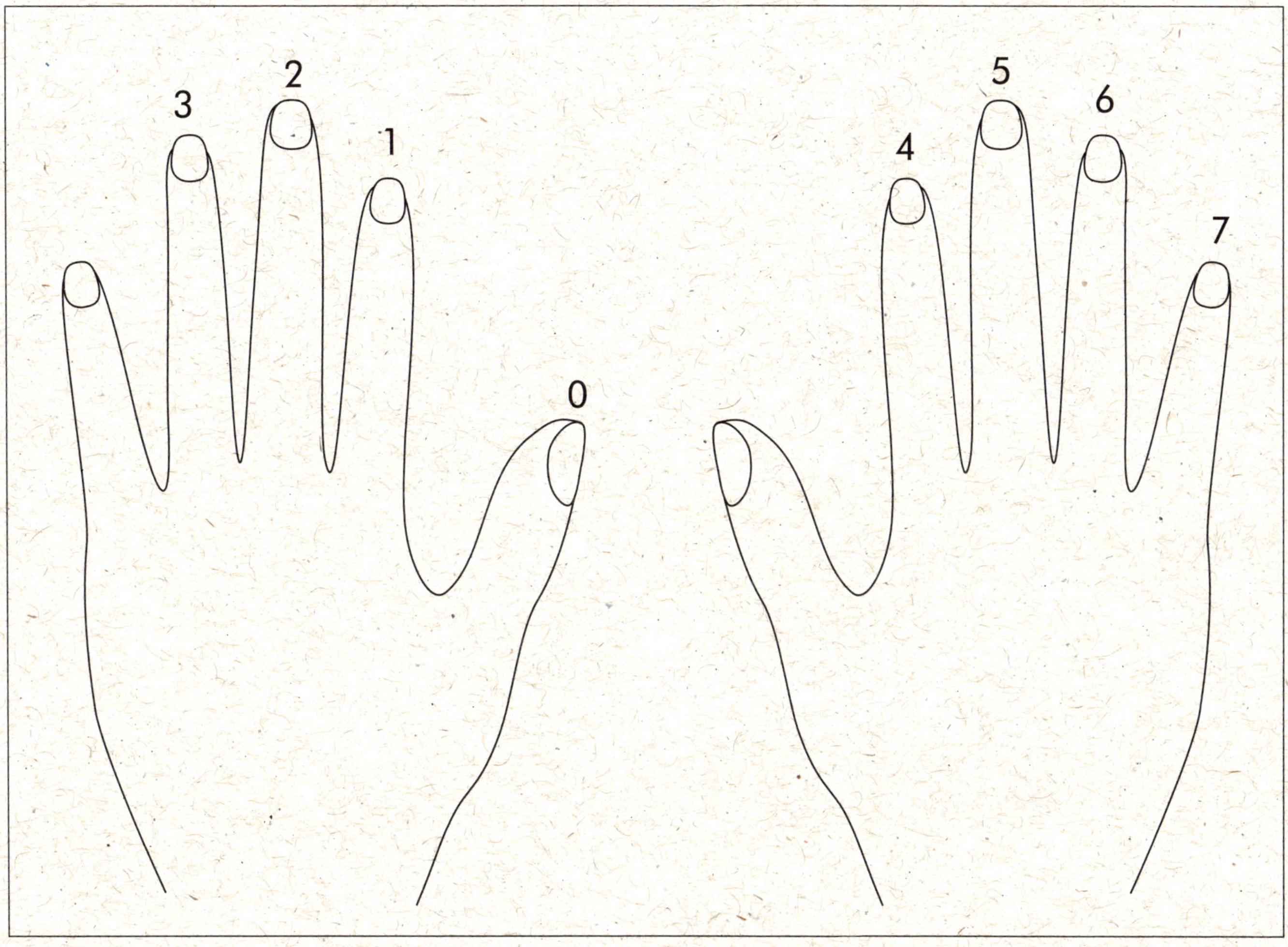

[Figura: mãos com numeração dos dedos — mão esquerda: 3, 2, 1, 0; mão direita: 4, 5, 6, 7]

A mão esquerda deve estar sempre acima da direita e a mão direita sempre estará perto do pé da flauta.

Observe o número correspondente a cada dedo:

Mão esquerda	Mão direita
Polegar = 0	Indicador = 4
Indicador = 1	Médio = 5
Médio = 2	Anular = 6
Anular = 3	Mínimo = 7

Observe, no quadro de imagens, que o dedo não utilizado na digitação da nota, não aparece na numeração da "tablatura".

Exemplo:

Todas as vezes que for necessária a utilização do "meio furo", aparecerão as seguintes indicações:

 ou

4 Digitação

Digitação para flautas em Dó

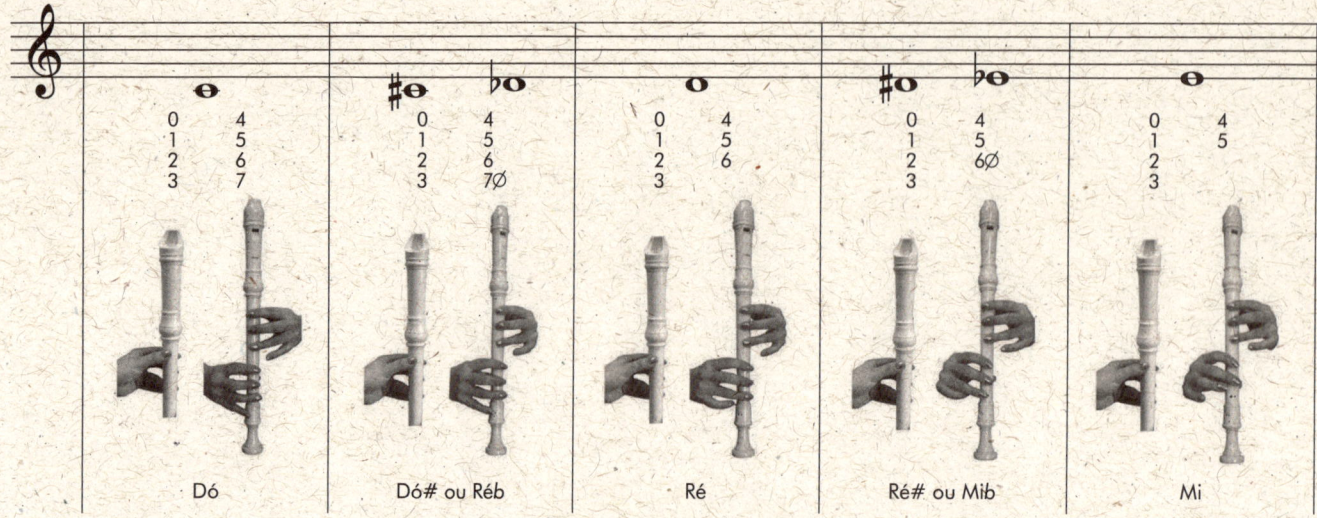

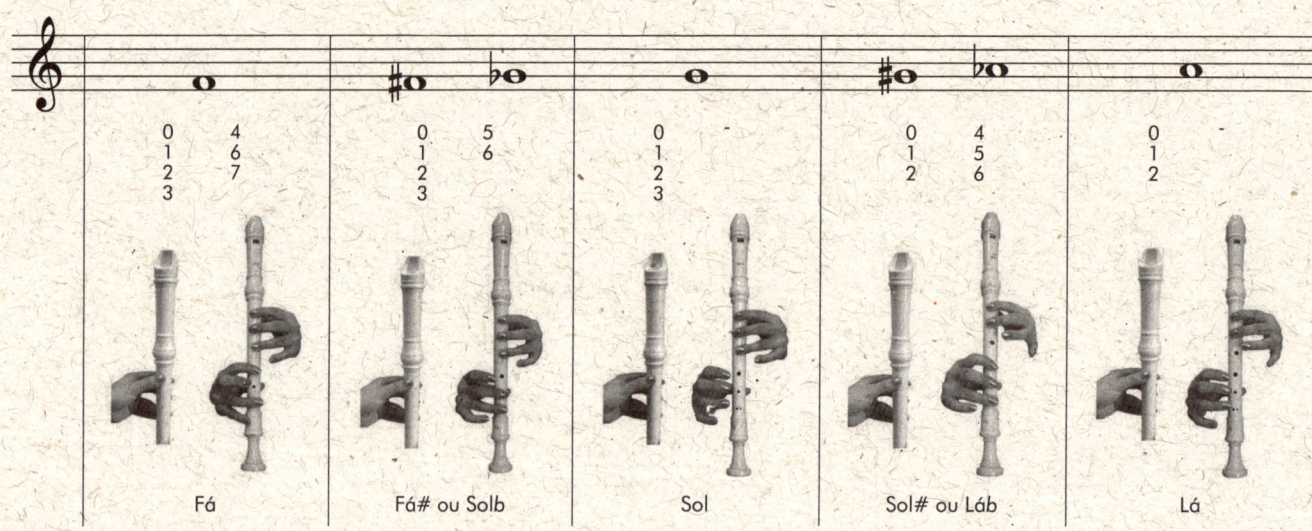

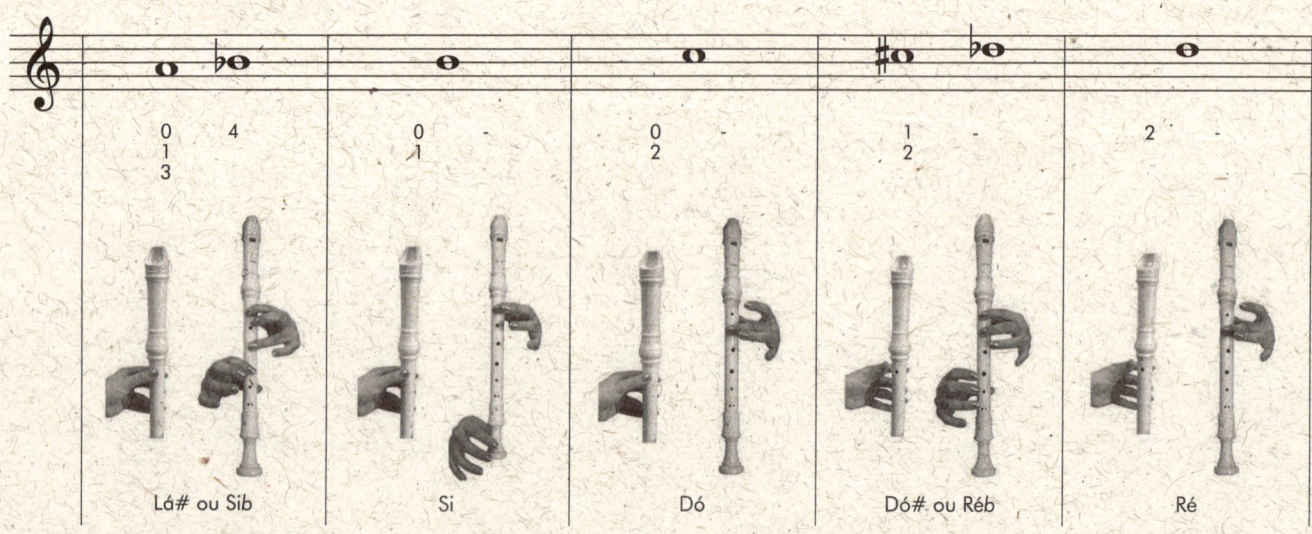

4 Digitação

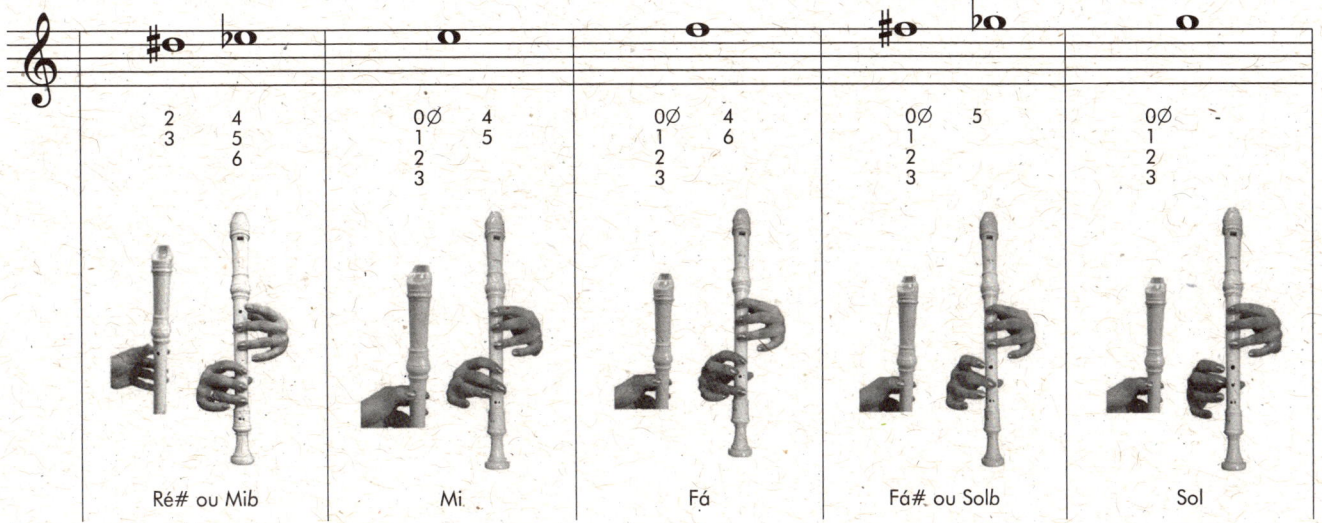

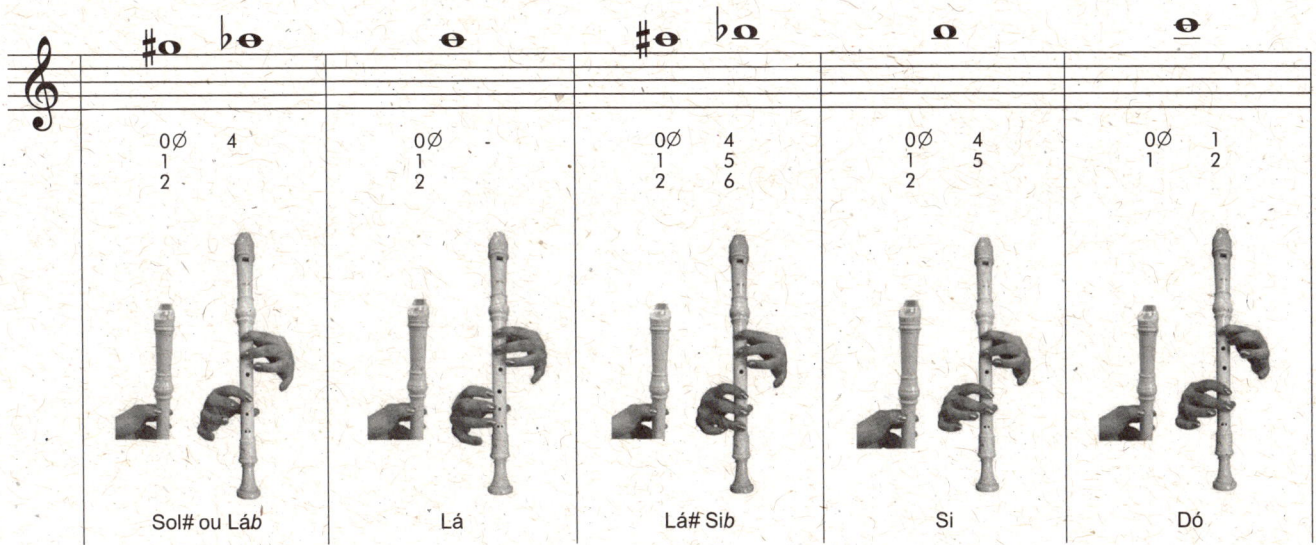

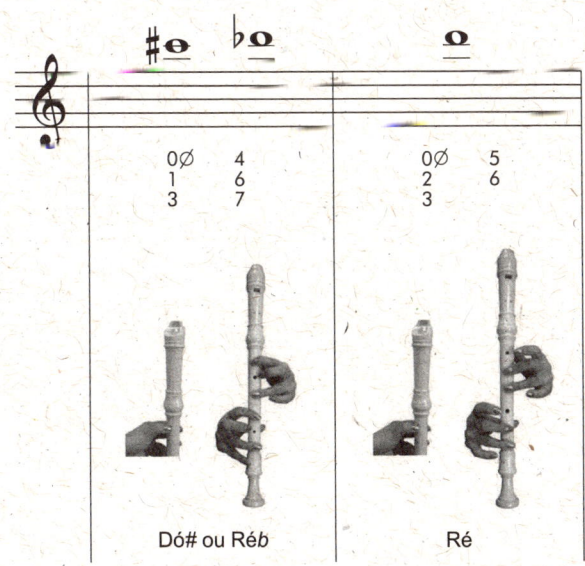

4 Digitação

Digitação para flautas em Fá

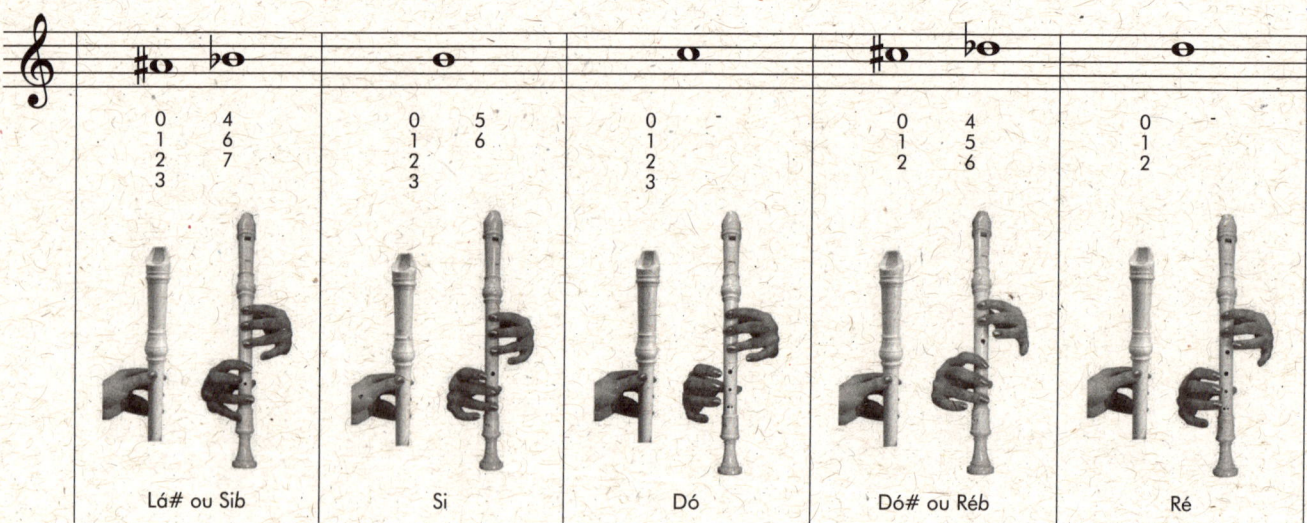

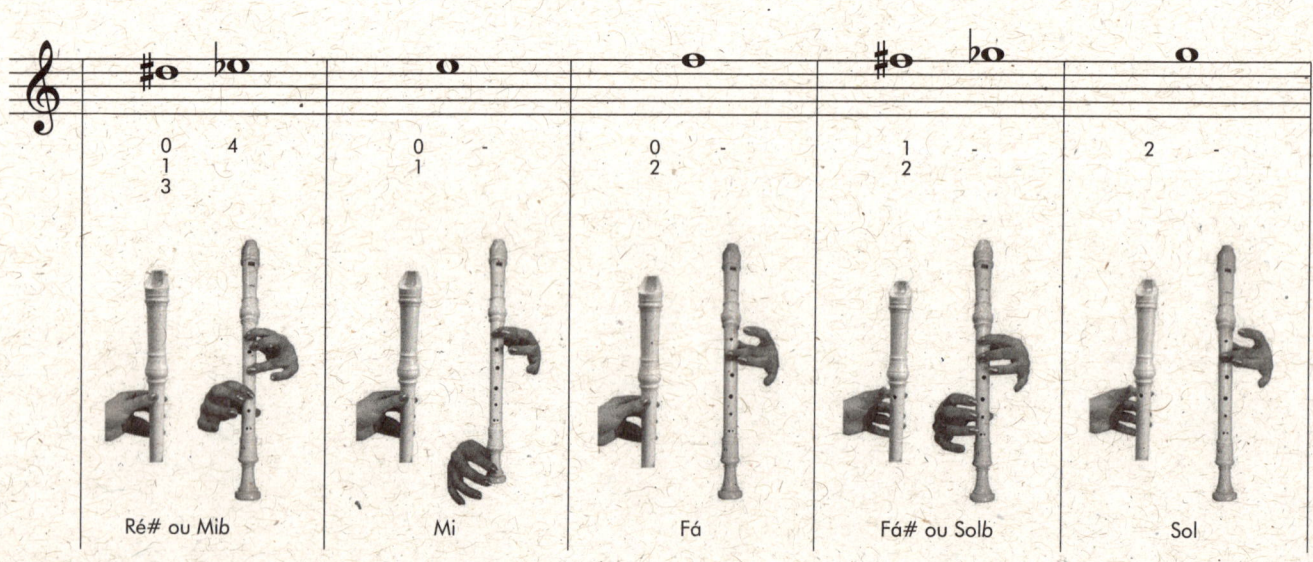

4 Digitação

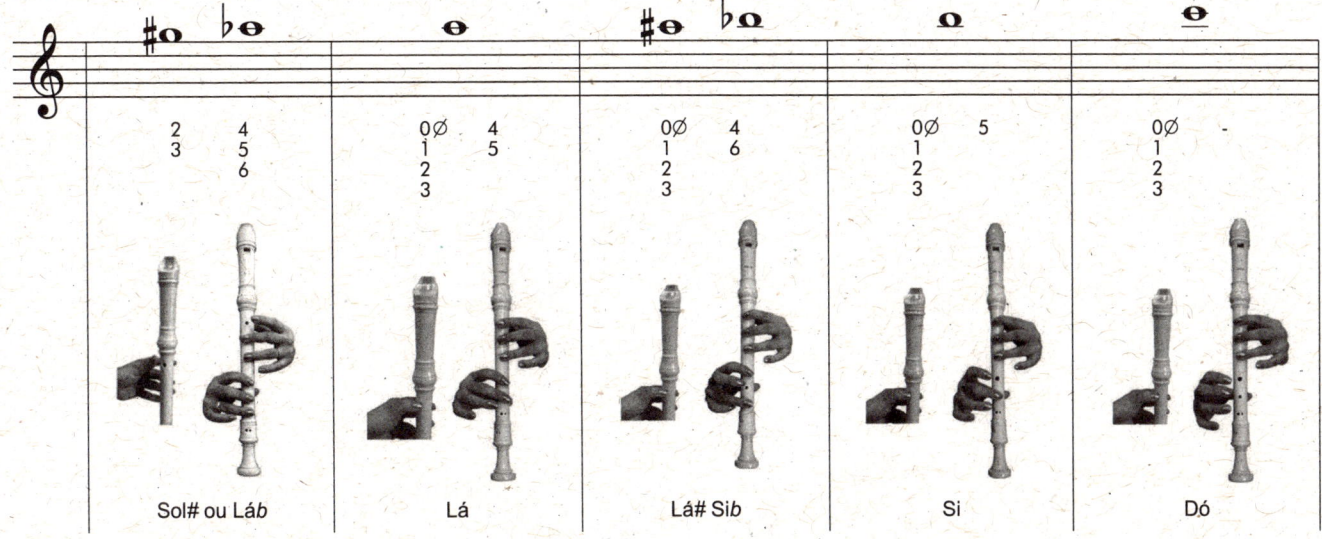

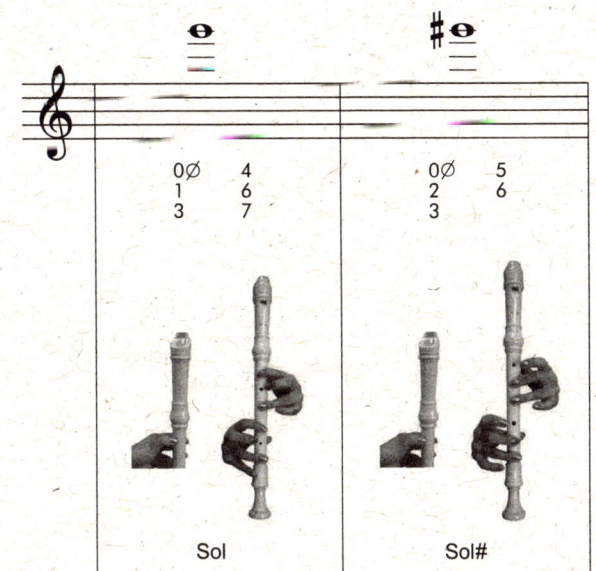

5 Como Estudar

A diferença entre ensaio e aula

É importante pontuar a diferença entre aula de câmara e ensaio de câmara. Na aula, trabalhamos tópicos como: leitura à primeira vista e análise da peça, no que tange a:

- Análise formal;
- Análise harmônica;
- Bibliografia do compositor;
- Contexto histórico no qual a obra foi composta;
- Dificuldades técnicas a serem resolvidas;
- Marcações de respiração, articulação e dinâmica gerais;
- Buscar a forma do recital (repertório, ordem das peças, figurino, iluminação, agradecimentos, programas e outros recursos).

Antes de tocar

As canções folclóricas devem ser cantadas, dançadas e brincadas, antes de ser tocadas. Este "brincar" estimula a criatividade. Não se iniba em utilizar as idéias obtidas nesses momentos, para compor a sua interpretação musical.

Aquecimento

Sugerimos que todas as aulas e/ou ensaios sejam iniciados com um aquecimento que trabalhe a consciência corporal e a técnica do instrumento.

A consciência corporal passa por correção de postura corporal, exercícios de relaxamento, de respiração, de concentração e de integração do grupo.

Feito isso, iniciamos os exercícios de nota longa, articulações simples e duplas, passando por modos, escalas, arpejos e trechos mais complexos das peças.

Terminamos a fase de aquecimento, afinando as flautas antes de tocar as peças efetivamente.

5 Como Estudar

Partituras que são mapas

Os elementos do grupo devem ler e estudar as partes de todas as vozes, de modo a facilitar a compreensão do todo.
A partitura é a porta de entrada que utilizamos para conhecer as peças musicais. Muitos não adentram à sala. Ficam parados embaixo do batente dessa porta.
Explicamos!
Depois de ler a peça, é importante transformar a partitura num mapa. Esse mapa deve conter instruções de como conseguir os efeitos discutidos nos ensaios, além de anotações pessoais, tais como: "não posso me mexer aqui", "respiro mais ali", "preste atenção nesta nota" etc.
Cada um deve fazer uso de sua "partitura-mapa" para conseguir a melhor *performance* que puder.
Partituras sem anotações são mapas em branco. Portanto, não esqueça de levar às aulas e aos ensaios um lápis e uma borracha.

Utilizando os áudios

Todos os cadernos Sopro Novo têm acesso aos playbacks. Acreditamos que, em muitos casos, ele auxilia o aluno no momento do estudo, estimulando-o a tocar no andamento proposto. O playback passa a ser uma referência de andamento, estilo etc. Ele pode conduzir sua interpretação das peças.
Todavia, não fique refém dos áudios. Utilize-o apenas se ele contribuir para uma performance mais prazerosa. Caso contrário, ele é dispensável. Principalmente nos recitais.

Cantando as canções

No processo de musicalização é muito importante cantar antes de tocar.
Tivemos o cuidado de colocar as letras das canções para que você cante.
Não pule essa etapa do trabalho!
As músicas renascentistas aqui apresentadas também foram compostas originariamente para vozes, assim como as canções folclóricas que escolhemos para este trabalho.
As peças podem ser cantadas junto com o playback, porém, você deve prestar atenção nos arranjos para acertar as entradas. Algumas têm introdução, outras começam diretamente. Em algumas, é possível cantar todos os versos; em outras, você precisará escolher os versos a serem cantados. De qualquer forma, sugerimos o seguinte: cante, brinque de roda e dance.
Tudo isso ajuda no processo interpretativo ao tocar.

Aproveite!

Terezinha de Jesus

Terezinha de Jesus
De uma queda foi ao chão
Acudiram três cavalheiros
Todos três, chapéu na mão

O primeiro foi seu pai
O segundo seu irmão
O terceiro foi aquele
Que a Tereza deu a mão

Da laranja, quero um gomo
Do limão, quero um pedaço
Da menina mais bonita
Quero um beijo e um abraço

Terezinha de Jesus
Abre a porta e vê quem é
É um homem pequenino
Que tem medo de mulher.

Se Essa Rua Fosse Minha

Se essa rua, se essa rua fosse minha
Eu mandava, eu mandava ladrilhar
Com pedrinhas, com pedrinhas de brilhante
Para o meu, para o meu amor passar

Nessa rua, nessa rua tem um bosque
Que se chama, que se chama solidão
Dentro dele, dentro dele mora um anjo
Que roubou, que roubou meu coração

Se eu roubei, se eu roubei teu coração
É porque tu roubaste o meu também
Se eu roubei, se eu roubei teu coração
É porque, é porque te quero bem.

Atirei o Pau No Gato

Atirei o pau no ga - to - tô
Mas o ga - to - tô
Não morreu - reu - reu
Dona Chica - ca
Admirou-se - se
Do berro, do berro
Que o gato deu
Miau!

Samba Lelê

Samba lelê tá doente
Tá com a cabeça quebrada
Samba lelê precisava
É de umas boas lambadas

Samba, samba, samba ô lelê
Samba, samba, samba ô lalá
Samba, samba, samba ô lelê
Samba, samba, samba ô lalá

Oh, mulata bonita
Onde é que você mora
Moro na rua da glória
Mas dali, vou-me embora

Samba, samba, samba ô lelê
Samba, samba, samba ô lalá
Samba, samba, samba ô lelê
Samba na barra da saia ô lalá.

6 LETRAS

Ciranda Cirandinha

Ciranda cirandinha
Vamos todos cirandar
Vamos dar a meia volta
Volta e meia vamos dar

O anel que tu me deste
Era vidro e se quebrou
O amor que tu me tinha
Era pouco e se acabou

Por isso, dona "Maria"
Faz favor de entrar na roda
Diga um verso bem bonito
Diga adeus e vá se embora.

Pavane (Toinot Arbeau)

Belle qui tient ma vie,
captive dans tes yeux.
Qui m'a l'âme ravie,
d'un sourire gracieux.
Viens tôt me secourir
Ou me faudra mourir.
Viens tôt me secourir.
Ou me faudra mourir.

Tourdion

1ª voz:
Quand je bois du vin clairet,
Amis, tout tourne, tourne, tourne,
Aussi désormais je bois
Anjou ou Arbois.
Chantons et buvons
à ce flacon faisons la guerre,
Chantons et buvons mes amis,
buvons donc.

2ª voz
Le bon vin nous a rendus gais,
Chantons oublions nos peines,
chantons.
En mangeant d'un gras jambon
à ce flacon faisons la guerre.

3ª voz
Buvons bien, là buvons donc,
à ce flacon faisons la guerre.
En mangeant d'un gras jambon
à ce flacon faisons la guerre.

4ª voz
Buvons bien, buvons, mes amis,
trinquons, buvons, vidons nos verres.
En mangeant d'un gras jambon
à ce flacon faisons la guerre.

Fine Knacks For Ladies

Fine knacks for ladies, cheap, choice, brave and new,
Good pennyworths but money cannot move,
I keep a fair but for the fair to view,
A beggar may be liberal of love.
Though all my wares be trash, the heart is true.
Great gifts are guiles and look for gifts again,
My trifles come as treasures from my mind,
It is a precious jewel to be plain,
Sometimes in shell the Orient's pearls we find.
Of others take a sheaf, of me a grain.
Within this pack pins, points, laces and gloves,
And divers toys fitting a country fair,
But in my heart, where duty serves and loves,
Turtles and twins, court's brood, a heav'nly pair.
Happy the man that thinks of no removes.

Atirei o Pau no Gato

Arranjo: Alex Lameira e Cristal A. Velloso

Samba Lelê

BULA
Tum: Pé no chão
Pa-txi-pa: Mãos nas coxas, alternadas
Ta ta: Palmas
Nã nã: Estalos de dedo
Hei: Bate no peito
Ih: Vocal (canta "Ih!")

Folclore Nacional
Arranjo: Cristal A. Velloso

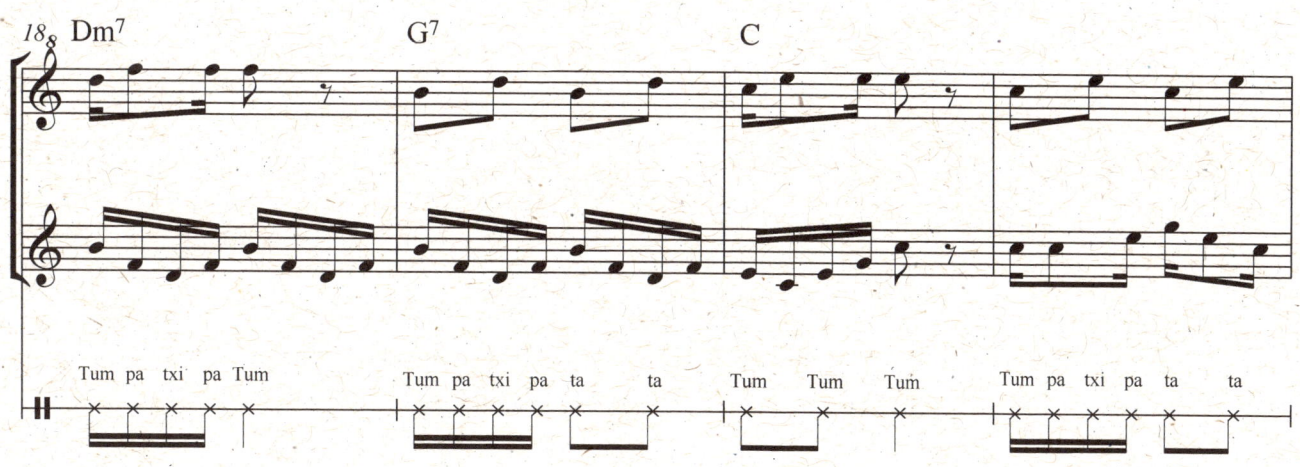

Ciranda Cirandinha

Folclore Nacional
Arranjo e letra B: Cristal A. Velloso

Pavane

Toinot Arbeau (1519-1595)

Obs.: fica como sugestão a utilização de um instrumento de percussão, como: tambor, pandeiro ou clavas. Se desejar, acrescente instrumentos diferentes, de modo a improvisar outros ritmos para acompanhar.

Tourdion

Anônimo
Século XVI

See, the Conqu'ring Hero Comes

Georg Friedrich Handel (1685-1759)

Fine Knacks for Ladies

John Dowland (1563-1626)

Rondeau

Henry Purcell (1659-1695)

O "Programa Sopro Novo" se mantém graças ao apoio incondicional da Yamaha Musical do Brasil.

Agradecemos a todas as pessoas envolvidas, especialmente as professoras regionais, monitoras e, principalmente, aos alunos, que são a razão desse trabalho.